아내의 오색빛

512 · 문학공간시선

이수진 시집

아내의 오색빛

한강

시인의 말

망상의 철학도 시詩가 되는 날

시를 만지작거리다 한생을 탕진하고 말았다는 여느 시인의 말처럼 시는 만질 수 있는 물건이 아님에도 미련을 버리지 못하고 또한 조롱의 언어가 되지 않을까? 하는 두려움과 망설임 끝에 여기까지 왔습니다.

나름, 지금까지 400여 편에 가까운 작품을 습작해 왔지만 화사첨족畵蛇添足으로 그릇되게 한 것 같은 자괴감에 굴레를 벗어나지 못함으로써 제도권에 들어와 있는 것조차 염려되기도 했습니다. 그러나 시도 늙는다는 말이 큰 충격으로 다가와 더 이상 시류時流에 떠밀려 그나마 자신의 초라한 경쟁력마저 상실되는 것 또한 용납할 수 없기에 늦은 감 없지 않지만 부랴부랴 서두르게 되었습니다.

문학이라는 장르에 마음을 빼앗기게 된 것은 고등학교

시절로 거슬러 45자字 내외의 음보율을 추구하는 시조 형식도 더욱 아름답지만, 어떤 단체의 주의 주장 따위를 간결하고 짧은 어구語句로 나타내는 표어(캐치프레이즈 또는 슬로건)의 함축미(16자字 기준)에 심취되었던 것이 계기인 것 같습니다.

혹시, 기억하시는지요? 예전에 자연보호중앙협의회에서 공모한 자연 보호 표어 '휴지 한 장 줍는 정성 자연사랑 나라사랑' 을 비롯하여 국세청 납세자의 날 표어 '주고받는 영수증에 신뢰 세정 이룩된다' 한국소방안전협회 화재 예방 표어 '방심하면 큰일날 불 조심하면 안전한 불' 대구세계육상선수권대회 서브 슬로건 '비상하는 대구의 꿈 도약하는 세계 육상' 대한지적공사 블로그 네이밍 '애지중지愛地重地' 경기도 의왕시 도시 브랜드 '이왕이면 의왕' 등등이 부끄럽지만 본인의 작품이기도 합니다.

이로써 지금까지 공모전에서 장관상 3회를 비롯하여 100여 회에 걸쳐 수상한 바 있습니다만 여기에서 문학의 핵심 발로가 된 것은 제2회 충청북도 문예작품공모전 일반부 '시' 부문 최우수상을 수상(도지사 이원종)하게 된 것이 그 첫걸음이었던 것입니다.

아무튼 저의 첫 시집 『아내의 오색빛』은 가족 중심의 짙은 작품으로 출발하게 되었지만 오랜 작품일지라도 복고풍의 시절을 회상해 보는 그리움도 있으리라 생각해 봅니다. 그리고 금년에는 장녀인 선규가 요즘 들어 더더욱 엄격하게 강화된 1차, 2차, 3차에 걸친 논문 심사를 무사히 통과함으로써 박사 학위(관광학)를 취득, 저의 첫 시집 출간과 함께 개인적인 영광이 아닐 수가 없습니다.

끝으로 시만큼은 본인에게 있어서 살아 있다는 삶의 보증서이기는 하나 보잘것없는 졸작이 오히려 선구자들의 훌륭한 작품에 누가 되지 않을까 심히 염려되기에 넓으신 마음으로 살펴 주시길 바라며 시집 출판을 위해 힘을 주신 충북문화재단 그리고 부족한 작품에 시평을 아끼지 않으신 최길하 시인께도 머리 숙여 감사드립니다.

2025년 11월에
동하東荷 이수진

차 례

제2부 화촉점화

제3부 불통의 셈법

제4부 마당발

제5부 황금 이빨

제1부

아내의 오색빛

아내의 오색五色빛

오,
아내여!

오색빛 아름다운
나의 아내여!

당신의
이마 속 궁궐에는
황금빛 지혜가 숨어 있습니다

당신의
분화구 같은 쪽볼에는
핑크빛 행복이 샘솟습니다

당신의
넉넉한 마음속에는
장밋빛 사랑이 찰랑입니다

당신의

올곧은 성품 속에는
초록빛 희망이 넘실댑니다

당신의
정갈한 고운 자태는
순백의 영원한 신부랍니다

오,
아내여!

오색빛 찬란한
나의 아내여!

옛날얘기

—모한母根

물음표에 꼬리 달린 아득한 옛날얘기
토닥이며 들려주던 자장가 같은 엄마 얘기
지금쯤 돌이켜보니 오뉴월의 서릿발 얘기

서릿발 내린 자리 세월도 비켜 간 자리
모한의 응어리가 켜켜이 쌓여 있을
삼생은 비문이 되어 전설처럼 흐르는데

새벽닭 홰를 치며 아침 마당 휘돌던 날
이승의 끝자락에 석양이 물들면서
끝없는 옛날얘기는 봉분 속에 묻혀졌네

탯줄

이승의 아들과
구천에 계신 어머니

아직도
끊어지지 않은
생명의 고리

영원히
끊어지지 않는
천륜의 고리

시작詩作 노트

탯줄은 단순히 물리적 연결이 아니라 생명과 사랑의 연속성이므로 천륜이라는 가족 간의 운명은 물론 도덕과 정서, 시간과 공간을 초월한 보편적이고 구체적인 부모와 자식 간의 영원불멸한 관계이기에 그려 보았다.

인생무상人生無常

결혼 전에는

내 어머니의
당당한
동안童顔의 아들이었다가

결혼 후에는

내 아내의
초라한
늙은 아들이 되고 말았다

시작詩作 노트

결혼을 전후로 한 자아自我의 미묘한 이동 즉 위치 변화를 유머와 풍자로 표현하여 결혼 전에는 어머니 앞에서 동글동글한 동안의 아들이지만 결혼 후에는 아내 앞에서 초라함과 나이를 체감하는 늙은 아들로 전락하는 가족 관계 속 권력 구조와 인간의 자아 상실을 일상적 경험에 기반하여 봄.

아버지의 후릿그물

당신께서
그토록 즐겨 드시던
음주에 대한 장인정신을
무슨 가업인 양 계승하여

수십 년 전,
어머님께서 요리하고 조리해 주시던
감칠맛 나는 민물고기
불거지, 참마자, 피라미 등의 조림을 안주 삼아
추억 속에 만취가 된 막내아들
이리 비틀, 저리 비틀거리며
노을 진 고향 하늘만
멍하니 바라보고 서 있습디다

아버지!
후릿그물에 대한 사랑과 열정은
물고기들과의 사활을 건 일당백이요
그 짜릿한 전율은 순간의 쾌감이었지요

스스로 그물을 만드시고

스스로 동향을 파악하시며
스스로의 판단과
스스로의 명령으로
일사불란하시던 몸놀림

무릎까지 걷어 올린 바지 끝자락은
어느 순간 휘둘러 친
그물 속의 비명과 아우성들이
함께 튀어 올라 흠뻑 젖어 있었고

일망타진된 제법 큼지막한 놈들만
대나무 종다래끼 가득 몰아넣은 후
휘파람 승전고를 울리며
개선장군처럼 귀환하시던 아버지

이제는
오염된 물과
오염된 문명과
오염된 인간들이
고향 강가로 흘러들어

아버지의 그 자리는
벌써, 흔적조차 사라졌습니다

애지중지하시던
주인 잃은 후릿그물은
이승과 하직하시던 어느 날부터
식음 전폐하고 시름시름 앓더니
형님네 다락 창고 차디찬 구석에 숨어
야윈 미라Mirra가 돼
메마른 눈물만 흘리고 있답디다

오
늘
도
당신을 기다리며…

※후릿그물Seine Net: 지인망地引網의 일종으로 투망과는 달리 물고기의 퇴로를 차단하여 원형으로 휘둘러 치거나 또는 일자형으로 가로질러 포획하는 어법漁法의 어구漁具로서 조선조 후기부터 후릿그물이 휘리揮罹라는 명칭으로 등장하게 되었는 바 일명 '울타리 그물'이라고도 함.

아버지의 병상에서

아버지!
당신의 자식 철이 들어
비로소 은혜의 강 깊이를 알았을 때
함께 있어야 할 시간들은
서서히 당신 곁을 떠나가고

시름과 고통이
험준한 파도가 돼
생의 끝자락을 넘나들어도
자식의 미련함은
그저 무식의 경지에 있을 뿐입니다

지난날,
든든했던 삶의 심장 소리는
골골한 발동기의
소음으로 돌아가고

지난날,
화려했던 영광의 박수 소리는

티눈처럼 박혀
우둔하게 멈췄는데

동지를 향한 밤은
빙하 속으로 스며들어
눈물과 적막만이
면벽面壁을 한 이 순간

영면의 먼 길 알면서
그 흔하디흔한 돌로
방벽 하나 쌓지 못하는
불효의 손과 발

차라리
양심과 육신 모두
하늘에 바쳐

진실로
당신의 운명

막을 수만 있다면

차라리
오늘과 내일을
언 강물 속에 묻어 놓아

해동하는 어느 봄날
당신의 생명 부활할 수 있다면

아버지!
뒤돌아보지 않겠습니다

그것이
사랑이기에…

※1990년 작품. 당해 연도 음력 10월 24일 작고.

어머니 · 1
—79회 생신날에

어머니!
일흔아홉 굽이 고갯마루에
오늘도 그렇게
홀로 앉아 계신 어머니

인고의 비바람이
휩쓸고 간 흔적들은
허망한 가쁜 숨만 남기고

기력마저 끌고 가버린
백발의 세월 앞에서
깊게 팬 주름들을 빗질하시는 어머니

누가 당신에게
황혼이란 석양빛을 드리웁나이까

누가 당신에게
여생이란 조롱 빛을 비추나이까

그것은 허상입니다
우주의 교만입니다

순간, 생의 끝자락이 보인다 해도
타협이란 조롱 앞엔
의연함으로 당당하실 어머니

그리하여
당신의 전설이 위대하고
당신의 발자취가 거대합니다

※2000년 작고

어머니 · 2

내 죽어서도
영혼의 뇌리에
영원히 박혀 있을
그 이름 석 자

어 · 머 · 니

오늘도
그 세 마디를 불러 보기 위해
어, 하는 순간

눈물 강에
풍
덩
빠지고 말았습니다

그만…

진혼곡
—향년 80세로 작고하신 모친 운명殞命의 순간을

20세기 말 서기 모년
모월
모일
모시
지구촌의 모든 것이 정지되는 순간이다

온 세상의 진혼곡들이
알파에서 오메가로
79번에서 80번째를 연습 중이다
진땀을 흘리고
눈물을 흘리고
거의, 거의다
마지막, 마지막 장르에 이르고
……
지금은 힘없는 엇박자
……
음계가 도저히 올라가지 않
는
다

……

그리고

……

절망이다
반란이다
통곡이다

그런데
밖에 누가 왔소?

하나님이
부처님이
염라대왕님이

세상 밖 몰이꾼들이 몰려온다
진혼곡은
서서히 무너지고 있는데…

어머니 오시던 날

먼~ 지난날

어머니는
아버지께서 손수 만들어 주신
단장短杖을 벗 삼아
아직도 잔설이 사그라지지 않은
이른 봄 길 따라
마냥 그렇게 오셨습니다

덧없이 흘러간 시간의 징표처럼
짓눌린 등허리 힘겹게 펴시며
초면의 길동무와 담소를 나누시고

숨 고른 마파람은
세월의 주름과 함께
하얀 백발을 흩날리며
황혼의 애수와 고독을 노래하는데

당신의 아들

길모퉁이 돌고 돌아
맨발로 달려갑니다

"어무이, 어무이"

금세 품 안에 안겨
옹알이하던 불혹의 아들

고희, 아니 칠십 목전에서조차
당신 없는 그리움에
또 옹알이를 앓고 있습니다

"어무이, 어무이…"

엄마, 어머니, 어머님

"엄마" 하고 부를 때는
매양 고단한 삶의 일상이셨기에
대답이 없으셨고

"어머니" 하고 부를 때는
어느덧 황혼길 외로이 가시노라
또 대답이 없으시더니

"어머님" 하고 부를 때는
이미 세상에 계시지 않으심으로
아예 대답이 없으신

아, 나의
엄마
어머니
어머님이시여!

그리움의 눈물샘

눈물조차 메말라 버린
염발炎魃의 어깃장

애타게 갈망하는
목마름의 기우祈雨

천지신명께 치성 드려
다시 고인 눈물 샘가에
나지막이 쪽진 백발
은비녀로 빗장 지르시고

아등바등했던
이승의 찰나들을 얼비춰 보며
그곳에 앉아 계신 어머니

해 저물고 어둡기 전
동이에 물 길어
당신을 향한
세속의 마지막 피붙이들에게

영원히 마르지 않을 눈물샘

그리움으로
가득가득 채워 주소서!

※염발: 가뭄을 맡은 신神

군사부일체君師父一體

아직도 배울 것이 넘칠 듯 채울 것이
끝없는 미완 속에 오늘도 질주하는
무지의 어리석음을 하나하나 깨웁니다

일상을 재촉하며 바쁘게 오간 세월
숭고한 가르침이 피가 되고 살이 되어
인생의 농축된 삶을 뼈마디에 새깁니다

오늘날 회자가 된 '라때' 란 유행어에
시절을 돌아보며 당신을 그립니다
스승은 군사부일체 좌표가 된 은혜의 강

형님의 자리
— 고희연에

그 언제였던가요
열 살도 채 되지 않던 나는
세상 처음으로
슬픔이 무엇인가를 알았습니다

사십육 년 전이었던
천구백육십삼 년 십이 월
형제의 혈육이라곤
오직 한 분밖에 안 계시는 당신께서
엄동설한의 매서운 찬바람을 안고
군에 입대하시던 날 아침
부모님과 동네분들의 배웅 받으며
시골 버스에 오르시던 모습이
주마등처럼 간혹 스쳐지지만
오늘은 왠지
생생한 추억으로 제 앞에 멈췄습니다

어머님께서는
비포장 먼지 속으로

멀어져 가는 당신을 바라보시며
기약 없는 생이별인 양
하염없는 눈물 흘리시고

아버지께서는
긴 한숨과 줄담배로 마음 추스르시며
슬픔을 삭이시려는 듯
주막으로 향하실 때

철부지였던 나는
어머니 손잡고 집으로 돌아오는 길목에서
우리 형아 어디 가냐고, 언제 오냐고
울며 뒹굴던 그날이 엊그제 같건만
참으로 많은 세월 흘렀습니다

거역할 수 없는
인생무상이란 단어 앞에
오늘이 벌써 당신의 고희시라니
이렇게 좋은 날

축배의 잔을 올리면서도
마음이 먹먹합니다

뒤돌아보면
그 예전, 너무나 단출했던
네 식구의 장남이라는 이름으로
온 우주의 짐 다 지으시고
험준한 계곡 여울목 세월 지나
이제는 스스로 깊어져 가는 강이 되고
어둠을 밝히는 촛불 되셨습니다

존경합니다, 사랑합니다

선비 정신 가득한 명가문의
안동 권씨 별장공파
삼십오 대 후손이신 형수님을
배필로 맞이하신 지도
어언간 사십여 년
불혹의 세월을 훌쩍 넘었습니다

참으로 많은 응석과 투정과 어리광을
잔잔한 웃음으로 받아넘겨 주시던
늘 어머니 같은 형수님

그리고
때로는 엄하게
때로는 온화하게
또 때로는 든든한 버팀목으로
늘 아버지 같은 당신이었습니다

이제,
당신이 흘리신 땀방울은
우리 가문의 영원한 기둥 되어
행복의 수레바퀴를 돌리는
아름다운 원동력이 되었으니
장성하고 출가한 아들, 딸 오 남매와
손주들의 축복받으시고
당신의 자리 꼭 지키시어
남은 여생 오로지

만수무강하소서!
만수무강하소서!

끝없는 욕심 하나 더하여
우리 부모님 못다 하신 천수
형수님과 꼭 누리옵소서!
꼭…

※2010년 11월 20일 형님 고희연에서

형님 영면하시던 날

이생과
내생의 경계를 모르고
쉼표 없이 달려왔습니다

오랫동안 쌓아 온 삶의 공功이
여생의 끝자락까지
굴러갈 수 있었던 행복의 공이
어느 순간 딱 멈춰 버렸습니다

우르르 꽝~ 꽝~

마른하늘 날벼락에
그만, 터지고 말았습니다

공을 채워 왔던 바람마저
산산조각이 났습니다

날벼락도 스스로 놀라
목울대가 부러졌습니다

문을 박차고
내 혼마저 달아나 버렸습니다

생시가 아닌 꿈이길 바라면서…

※2019년 작고

은하철도 999

—그리운 내 형님

내가 세상에 태어나던 해
조부님께서는 69세에,

세월의 강을 한참 건너
불혹으로 향해 갈 때
아버님께서도 69세에,

육십갑자 환갑을 지나
이순의 중반에 다다를 즈음
형님께서는 79세에,

오호라!
이것을 천명이라 하던가

삼대代를 이어 온
장자들의 악연인지 필연인지
아홉수라는 숙명을
은하철도 999에 맡긴 채
안드로메다로 긴 여행을 떠났다

조부님께서는 아주 오래전에 도착하셨을 테고
아버님께서는 수십몇 해 전 도착하셨다는 전갈

부모님께서 물려주신 소중한 육신
세상에 오직,
단 한 분뿐이시던 피붙이 내 형님은
지금 어디쯤 가고 계시는지

당신을 찾는
이승의 절규가 들리지 않습니까

당신을 부르는
혈육의 쉬디쉰 목소리가 들리지 않습니까

어서 일찍 서둘러 되돌아오십시오
오늘이 가고 내일이 가도
무한 세월 앞에 기대어 꼭 기다릴 겁니다

더 늦기 전에

안드로메다 종착역에 도착하기 전에

그리운 내 형님을…

※추신: 혹시 부모님 뵈옵거든 이승에 홀로 남은 동생의 안부나 꼭 좀 전해 주시구려!

형님 묘전墓前에

오늘 형님 산소에 다녀왔습니다
그곳에 가기 전
화원 몇 군데 둘러봤지만
마땅히 제 마음 달랠 만한 꽃이 없어
빈손으로 갔습니다

슬픔의 꽃말을 가졌다는
알리움도 메리골드도 노란 국화도
그리움의 꽃말을 가졌다는
능소화도 해바라기도 백일홍도
모두 다 아무런 소용이 없었습니다

먼 지난날
홍역이란 염병에
여러 자식 산에 묻고 가슴에 묻고
통한의 세월을 팔자소관으로 탓하시던
부모님의 긴 한숨 또한 허공에 묻을 때마다
두 형제만이라도 지켜 주신 은혜에 늘 감사했거늘

아! 천명일런가
어느 순간
의지할 곳 없는 신세를 눈물로 한탄하며
정처 없이 표랑하던 시간 뒤로하고
무거운 발걸음 옮겨 형님 뵈러 갔습니다

슬픔이야 흐르는 세월 속에 사그라진다지만
그리움이야 마음속 깊이 광두정처럼 박혀 있다지만

그 무엇보다 더 소중하고
그 무엇보다 더 귀중했던 형제애와
아름답고 행복했던 날들을 회상해 보며

그냥,
저의 마음만 한 아름 가득
형님 묘전에 놓고 돌아왔습니다

한식날에

조상님의
혼령들을
한식으로 모시는 날

문안드릴 채비하고 선영으로 오르는 길

목련은
조등을 켠 채
환생문도 열어 놓고…

홍동백서
좌포우혜
진설陳設 따라 차린 후에

유세차 모년 모월 제축문을 올리는데

해묵은
꽃상여 한 채가
참꽃으로 피어 있네

효령대군의 발자취

관악산 푸른 솔은 조선의 기상이요
탑골의 십층 석탑 효제충신 숨결이니
왕조의 인연을 따라 동방의 꽃 피어나네

대군께서 보필함에 여섯 봉황 나래 펴신
지혜와 슬기 모아 보배롭던 세상인 걸
혼과 얼 유산이 되어 숭조돈종 빛나는

온 누리 울려 퍼진 보신각 종소리는
부모 효양 으뜸이라 대민강론 울림이니
모두가 유훈 받들어 정신문화 계승하고

모진 광풍 몰아쳐도 빛나던 불멸의 등불
왕가의 빛이 되어 영원히 밝히리니
후손의 자긍심으로 정통성을 이어 가세

※필자는 전주 이씨 효령대군 20대손.

내 고향 개천안開天安

오색 비단 헝겊 조각 나풀거리던
그 옛날 장선 고갯마루 당산나무 아래
치성 드려 쌓아 놓은 서낭당 돌무더기 지나
구부렁길 돌고 돌아 성큼성큼 다가가면
솜사탕 같은 뭉게구름 반가이 마중 나오던 곳

궁궐 같은 꽃동네 황홀하게 유혹하던
봄날의 정취가
망종 절기 따라 황금빛 보리밭 출렁이던
여름날의 정취가
단풍잎 울긋불긋 잉걸불처럼 훨훨 타오르던
가을날의 정취가
함박눈 펑펑 내리면 산까치 깍깍깍 울어대던
겨울날의 정취가
옥녀봉과 풍류산을 휘돌아 파노라마처럼 펼쳐지던 곳

조상님들의 숨결 어린 만년유택 선영 아래
아늑하게 감싸 안은 포근한 기운들은
어머님의 온화하신 성품인 듯 닮고 닮아

곱디고운 천사처럼 사뿐사뿐 다가오던 곳

천년을 가부좌한 법경대사자등탑비와
안녕과 풍요를 기원하는 솟대들의 수호신도
어서 오라 손짓하며 따뜻하게 반기우는
훈훈한 정겨움들이 옹기종기 모여 있던 곳

하여,
하늘이 열린 고로 개천開天이라 하였던가
성스러운 평안의 빛 두루두루 깊이 서린
반도의 중심 고을 옹골찬 삶의 터전

문명이 빚어 낸 수몰이란 아픔 속에
지난날의 그리움이 충주호에 일렁이고
망향가로 홍얼거린 쓸쓸한 가락들은
향수의 물결 되어 남실남실 흐르는데

오호라,
이곳은 어드메고 저곳 또한 어드멘가

이팔청춘 호시절을 꿈속에서 유랑하다
은하銀河 강에 배 띄우고 노를 저어 찾아가리

추억이 파동 치는 내 고향
개천안, 개천안으로…

제2부

화촉점화

말버릇

예전에 어른들을 깍듯이 존중하고 조신操身하게 행동했던 우리네와는 전혀 다른 요즘 세대들이라지만 동방예의군자지국東方禮儀君子之國의 명성이 언제부터인가 천지개벽 하야 애교인지, 존칭인지, 무슨 희한한 말言대가리 같은 것들이 혼돈 속으로 처박히고 있으니 남사스럽지만, 그것 또한 내 얘기만은 아닌 것 같소.

부모 생각하는 거룩하신 말씀
거리감이 사라진 무개념의 말씀
전화조차 의심스런 안부의 말씀

"아빠, 밥 먹었어?"
"어~"

"아빠, 술 먹었지?"
"어~"

"아빠, 지금 집이야?"
"어~"

어~어~어~어~어…

그래 밥 먹었다
그래 술 먹었다
그래 지금 집이다

이왕이면 아빠를 빼고
애비 이름을 정겹게 불러다오

"수진아, 밥 먹었어?"
"수진아, 술 먹었지?"
"수진아, 지금 집이야?" 그렇지 그렇게

범절凡節을 무너트리고
토네이도의 소용돌이에 휘말려 간
정겹고 애교스럽다는
기이한 현상의 그 예쁜 말씀들 앞에

시절의 그리움

외마디 비명도 없이
곤두박질치는 요지경 세상

거울

애동대동하던 신혼 첫날부터
비춰 주며 일러 주고
가르쳐 주며 고쳐 주던

소중했던 결혼 선물이
가시버시의 분신이
스승 같은 거울이

시름 새도 모르게
반세기를 향한 세월의
고단함에 지쳤는지

잔주름에 검버섯 퍼지고
시력조차 희미해진
초췌한 모습 안타까워

남은 여생
다락이란 별장에 편히 모셔 놓은 채
괜찮다 싶은 새 거울 하나 장만했더니만

아, 글쎄!
그 거울 속에서
고희를 앞둔 노부부가
멋쩍게 웃고 있는 게 아닌감유

한 폭의 초상肖像 같은…

쑥대머리

쑥, 쑥, 쑥 쬐끔만 나와도 쑥 나왔다 하고 제멋대로 나와도 쑥 나왔다고 했더니만 쑥 나왔다고 쑥덕쑥덕하지 말랍니다. 명약에 명약을 더해 속담으로 내려와 칠 년 된 지병도 삼 년 묵은 쑥으로 고쳤다는 쑥 무성한 쑥밭 골, 쑥대밭

쑥밭 골 쑥대밭은 쑥대머리 나고 자란
숨겨진 출생 비밀 미처 알지 못했거든
쑥대밭 쑥대밭이라 비웃으면 아니 되오

가끔은 제 고향을 잊지 않고 찾아와서
옥중가 핏대 세워 혼을 뽑아 각혈할 때
춘향의 슬픈 사연은 눈물 강을 휘돌고

고수의 북채 장단 중모리로 춤을 춰도
한 조각 붉은 마음 오로지 임 생각뿐
수절에 귀신 형용된 봉두난발 쑥~대~머리~

갑골문자甲骨文字

귀하신 용골龍骨 몸에 불변의 날을 세워
소통의 도구들로 상형문자 만든 것이
세상에 전할 말이 되어 경전처럼 내려오고

내생來生의 기도문도 귀갑龜甲 위에 펼쳐 놓고
혜안과 성찰 속에 평정의 문 열고 보면
우주의 영혼과 함께 문신으로 박혀 있는

마지막 가는 길에 남기고 갈 유언들을
한 조각 수골獸骨에다 음각으로 새겨 놓으면
또다시 수천 년 후엔 점괘대로 돌아오겠지

사랑법

일시에
용광로가
무쇠를 녹이는 거 아니다

다만,
무쇠가 서서히
용광로를 달구는 거다

하여,
오랜 사랑법이란
바로 그런 거다

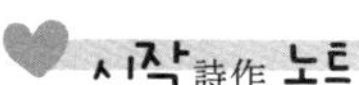

사랑과 열정을 '용광로' 에 비유하고 또한 단단하고 쉽사리 변하지 않는 '무쇠' 의 마음을 영원으로 상징화함으로써 이는 순간성이 아니라 서서히 달구어지는 것이 사랑의 본질이라는 변화의 이미지를 추구해 보았다.

화촉점화華燭點火

—선규[長女] 결혼을 축하하며

세상에
어느 눈부신 햇살이
너희들만 하랴

세상에
어느 아름다운 꽃이
너희들만 하랴

세상에
어느 소중한 사랑이
너희들만 하랴

세상에
어느 축복의 순간이
너희들만 하랴

태초의 우주가
다시 열리는 날

선규와 현선이가
하나 되는 날

두 분의 어머니
화촉점화 오르신다

사랑 그리고 행복

—선아[次女] 결혼을 축하하며

화려한 사모관대보다
의연한 예복에 묻어나는
당당한 품새가
정말로 듬직하구나

싱그러운 오월의 햇살처럼
새하얀 드레스와 더불어
곱디고운 수줍은 미소가
참으로 아름답구나

너희는 아느냐

예복의 검은색 의미를
드레스의 새 하얀 참뜻을…

우주의 모든 색이
하나로 보태진 검은색이란다

우주의 모든 색을
고스란히 걷어낸 하얀색이란다

하여,

세상의 모든 것을 품고
배려와 이해로써 함께하는
남편이 되어라

세상의 모든 것을 걷어내고
순종의 미덕으로 함께하는
아내가 되어라

그것이
너희 두 사람의 소박한 사랑이다

그것이
너희 두 사람의 영원한 행복이다

계절의 여왕이 내리는
무궁한 축복이다

'빛나'라는 이름처럼

—빛나(막내) 결혼을 축하하며

'빛나' 라는 이름처럼
빛나는 마음과
빛나는 지혜로
빛나는 삶의 낙원을
만들어 가고 있는 막내야!

네가 이 세상에 태어나던 날
온 세상은
참으로 거룩했었지

가장 위대하고
가장 크고
가장 소중하고
가장 아름다운
신神의 선물이었기에 말이다

세월의 유수流水함 속에
어느덧,
상서로운 축복의 눈[雪]을 맞으며

백마를 타고 달려온 왕자가 네 앞에 서 있구나

희로애락을 함께하며
네 심장이 사랑하는 이의 심장이 되고
사랑하는 이의 심장이 네 심장이 되어
함께 타고 가야 할 백마가 기다리고 있구나

오늘의 혼인 서약
양각과 음각으로 옹골차게 새기거라

사유가 아닌
공유의 동행 길에 두 손 맞잡고
마음과 마음을 합쳐
부디부디 행복하여라

영원보다
더 오래도록…

행복의 풍경으로

—민상이와 성경이의 결혼을 축하하며

맑은 영혼과
착한 만남의 향기가
온 누리에 가득한 날

불그레한 단풍 잎새 불덩이가 되도록
계절의 힘으로 훨훨 지피며
에헤야~♪ 데헤야~♬
흥을 절로 돋워 축제로구나

보아라!

이보다 설레는 순간이 어디 있으리
이보다 넘치는 기쁨 또한 어디에 있으리

성경이와 민상이가
한 쌍의 원앙이 되는 오늘

두 엄니 불붙인 화촉점화로
아름다운 양가 모두 한 가족 되었구려

백년가약의 꽃길을 따라
아, 이제
축복의 팡파르가 울려 퍼지나니

한 걸음, 한 걸음 조심조심 걸어라
두 손 꼭 잡고 쉬엄쉬엄 가거라

사랑의 흔적일랑 영원하도록
행복의 풍경으로 눈부시도록

손녀 리우

리우야!

사랑스러운
네 볼과 이맛전에
엄마의 행복이 입 맞추는

가동거리는
네 모습 하도 예뻐
아빠의 미소가 입 맞추는

태초의 말씀 같은 옹알이로
우주를 품은 절대자에게
감사의 기도 모두가 합창이 되는

리우야!

너는
정녕 보배!

※리우 2016년생. 2017년 작품

암호 같은 숫자의 비밀

단풍이 절정을 이룬
시월의 어느 멋진 날 이른 아침
휴대폰으로 날아온 한 장의 편지글 사진

할아버지, 할머니, 큰아빠, 큰엄마
아빠, 엄마, 이모부, 이모, 유안이, 지유
우리 가족 모두 모두 사랑해요.
1021051
'리우생일'

끝맺음인 듯
암호 같은 숫자의 기발함
그 비밀의 해독
.
.
.
10(시월)2(이)10(십)5(오)1(일)
'리우생일'

곧이어
할배가 답신 보낸다

일깨운 나랏글을 또랑또랑 익혀 가며
가족이란 이름으로 생일날 써 내려간
일곱 살 사랑의 꽃이 곱게곱게 피었구나

유안이의 마음

할머니 손을 잡고 어린이집 가는 길에
상상도 할 수 없고 예상 또한 못한 말을
마음에 담아 두었듯 조심스레 꺼내는데

"할머니, 나는 해님이 안 좋아, 깜깜한 밤이 좋아"

"왜? 유안이는 달님이랑 별님을 무척 좋아하는구나!"

"아니, 깜깜한 밤이 되면 엄마 아빠가 오니까"

짠하게 스며들어 먹먹하게 이는 전율
깜깜한 밤이 돼야 온다는 엄마 아빠
애틋한 설렘 속에서 기다리다 잠들었을

여권도 소용없는 꿈나라 여행인데
똑똑똑 노크하면 와락와락 안겨 올까
살포시 다가가 보니 눈물 자국 얼룩진

윤회輪廻로 길들어진 일상을 뒤로한 채

내 안의 안식처로 타박타박 걸어가면
현실의 모순 앞에서 오늘도 기다리는…

맛동산

여덟 살 손주 녀석 초등생 유안이가
방과 후 숨결 잇는 학원엘 다녀오다
석양에 잠시 기댄 채 꽃잎 다솜 머금고

오늘도 선생님이 챙겨 준 간식거리
울 할배 좋아하실 '맛동산' 과자 한 봉
군침이 샘물 솟아도 품에 안고 왔다지

갸륵한 마음처럼 심장의 파문처럼
맑고도 아름다워 뇌리에 감춘 사연
내면의 심금을 울린 황금 빛살 그 이름

노을의 불꽃 향기 스며든 창가 옆에
겹겹이 쌓여 있는 네 정성 바라보다
새벽녘 눈꺼풀 위에 별빛 가루 쌓였네

시작詩作 노트

'맛동산' 좋아한다는 것을 언제 기억 속에 담아 두었는지, 먹고 싶어도 꾹꾹 참으며 학원에서 간식으로 챙겨 온 것을 할아버지 가져다드린다고 가져왔으나 차마 개봉하지 못하고 어제도 오늘도 그리고 내일도 갸륵한 그 정성, 감탄과 감동으로 이어갈 뿐이다. 그냥….

공룡 지유 사우루스

지유 사우루스!

혹시 넌 중생대 쥐라기에서 왔니
아니면 백악기에서 왔니

티라노사우루스
벨랍키랍토르
스피노사우루스
알로사우루스
카르노사우루스…

그 많은 공룡들과
쓰담쓰담 토닥토닥 친구가 되더니
어려운 이름조차 거침없구나

지유 사우루스!

일억 몇천만 년 전을 지나
지금은 우주를 지배하는 진화된 세기

설악산을 포효한 장엄한 공룡 능선처럼
대장부의 야망을
웅대하게 품어라

어느 해안가의 거대한 공룡 발자국처럼
아름다운 삶의 궤적을
만고불멸하게 새겨라

지유 사우루스!

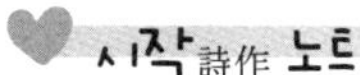

공룡 장난감을 무척이나 좋아하는 다섯 살 손주(지유) 이름에 공룡의 학명에 붙는 사우루스saurus를 시제詩題의 이미지로 선택.

경주慶州와 경주競走 사이

경주와 경주 그 하나는 신라 천년고도의 도시 경상북도 경주慶州를 말함이오 또 하나는 일정한 거리를 정해 그 거리를 빠르게 달음질하여 서로 다투는 육상 경기의 하나인 경주競走를 말함이니

경주와 경주
뜻이 서로 다른 낱말과 낱말이지만
다섯 살배기 손주 지유 녀석 뇌리에는 분명
달리기로 인식되어 있었을 경주

경주를 향한 차 안에서조차
친구랑 경주하고 싶다고 지어미를 조르더니
대전에서 경주의 힘으로 경주까지 달려왔건만
끝내 경주의 미련을 버리지 못해

경주하듯 천마총 고분 주위를 빙빙빙 돌고
첨성대 불빛에 취해 빙빙빙 돌고
신라의 달밤 가락 삼아 또 빙빙빙 돌더니만
기력을 소진했는지 어느새 잠들어 버린

얼마의 시간이 흐르자
녀석의 잠꼬대가 부스스 일어나
애틋함과 안쓰러움으로
또다시 경주하는 경주의 밤
황홀함마저 경주하는 경주의 밤

여명이 밝아 오도록 빙빙빙
불국사 아침 예불 따라 빙빙빙
경주와 경주 사이 빙빙빙

자매애姉妹愛

언니가 내 언니라
나는 참 좋다

동생이 내 동생이라
나도 참 좋다

'좋다' 라는 '우애' 앞에
엄마, 아빠의 마음은
그냥,
저냥,
마냥,
더더욱 참 좋다

핑계의 줄다리기

—초등생 딸(리우)과 엄마

엄마: (소파에 앉아서) 리우야, 컵 좀 식탁 위에 갖다
놓아 줄래

리우: 엄마가 하면 안 돼

엄마: 퇴근하고 힘들어서 엉덩이가 소파에 붙었나 봐

리우: 나도 방금 학교에서 공부하고 왔는데

엄마: 엄마는 리우 하나를 나았잖아

리우: 할머니는 엄마랑 이모 두 명을 낳았는데도 엉덩
이가 안 붙었던데

모녀와 모녀 사이
핑계와 핑계 사이
주저앉은 엉덩방아

에구머니나~

어이 상실

이십 대 초반부터
새치가 새치기하더니
이제는 흑발 한 가락에 백발 아흔아홉 가락

얼마 전 막내가

"아빠가 요즘은 완전 백발이네요" 하기에

"예전에 너희가 속을 썩여서 그렇다"고 농담을 던지자

"아, 그래서 할아버지 할머니가 일찍 백발이 되셨구나"
하더라

순간, 백발이 된 세월은
몸 둘 바를 모르고

어이 상실한 난
묵언 수행

청풍호, 충주호?

청풍호 물길이오
충주호 뱃길인 걸

이런들 어떠하리 저런들 어떠하리

시절의 그리움만이
물밑 속에 쌓이는데

네 말도 맞다 하고
내 말도 맞다 하니

이런들 어떠하리 저런들 어떠하리

갑론에 을박인고로
담수호는 말이 없네

잎담배 수납하던 날의 추억

시절을 한참 거슬러 올라
보릿고개를 지혜롭게 넘어왔던
내 유년의 추억 속에서도
잎담배 경작은
단연코 효자 종목의 으뜸이었죠

밤과 낮의 경계를 허물어 가며
열정과 사랑의 흔적으로 숙성시킨
건조실 안의 황금 잎새

수고의 마지막 관문인
수납장으로 떠나보내기 전
정성으로 버무린 새하얀 시루떡 위에
정화수 올려놓고 촛불 하나 당겨 놓고
착한 등급 소원을 지성으로 빌던 날

동안의 시름과 걱정과 근심마저 수납한 채
막걸리 한 대포에
'울고 넘는 박달재' 한 곡조 날리시며

한국은행권 두툼한 전대를
행복 봇짐과 함께 풀어놓으시던 아버지

오늘따라
당신의 고단했던 이승의 삶이
연홍색 담배꽃으로 활짝 피어
동쪽 하늘 끝에
아름다운 쌍무지개로 떠 있습니다

제3부

불통의 셈법

묵은지[菹]와 묵은 시詩

아내가
묵은지가 참 맛깔난다고 하기에

나는
묵은 시가 참 '더' 맛깔난다고 했더니

묵은 선생 왈曰
'더' 라는 양념을 더 추가한 것이 더 맛깔난다 하더라

시작詩作 노트

묵은지[菹]는 생활 속의 맛이고 묵은 시詩는 정신적 향취라고 생각을 해 아내와 나와 묵은 선생까지 등장시켜 유머와 철학적 여운을 확장해 봄으로써 '더'라는 양념의 언어유희로 하여금 작품의 풍미를 더해 보았다.

신발 자리

아내의 신발 자리는
늘 그 자리

방금, 함께 따라 나간 신발이
영역을 표시해 놓은
늘 그 자리

현관 출입문 입구
왼쪽 횡 대열의 맨 앞 지정석
늘 그 자리

반면,
내 신발 자리는

현관 출입문 입구
왼쪽 횡 대열의 맨 끝 지정석
늘 그 자리

시끌벅적 온 가족이 모일 때도

평화군을 자초한 호위병
늘 그 자리

상징처럼 박혀 있어
누구도 범접할 수 없는
늘 그 자리

요지부동 신발 자리

부부 싸움

1. 서론

부부 싸움은 칼로 물 베기다
아니다

칼과 물은 팽팽한 기싸움이다
칼과 물은 공범이다
칼과 물은 무기수다

2. 본론

창살 없는 감옥에서도
아옹다옹

울다가 웃다가
웃다가 울다가

3. 결론

부부 싸움은 칼로 물 베기다

그렇다

허허~

눈꺼풀

오늘도
숨 가쁜 노동의
긴 하루였다

밤이 돼서야
평온을 되찾았다

지금은 묵상 중…

시작詩作 노트

인간은 과연 하루에 몇 번이나 눈을 깜박일까요? 물론 체질에 따라 다를 수 있겠으나 눈을 깜박이지 않는다는 것은 신체 즉 눈의 구조상 완전 불가능하기에 이를 보호하고 있는 눈꺼풀의 생리적 현상을 노동이란 이름으로 공유해 보며 취침 시간인 밤이 되어서야 고단한 하루를 마감하고 평온을 되찾은 그의 일상에 우리는 고마움을 알고 있었는지, 아니면 노동의 대가라도 지급할 생각을 해보았는지 지나간 오늘을 되뇌어 보면서 묵상默想으로 함께 잠들고 있을 눈꺼풀에 안쓰러움과 송구한 마음 전해 본다.

평화의 소녀상

하동지동 오고 가는
황망한 거리에서
두 주먹 불끈 쥐고 앉아 있는 용안容顔에는
짓밟힌
순결의 분노가
치욕으로 남아 있고

방황의 세월들을
끌고 온 그림자도
현해탄을 바라보는 저주의 눈빛 속엔
야수의
광분 된 날들이
악몽처럼 박혀 있어

왜검倭劍에 잘린 역사
통곡하는 천추의 한
가엾은 소녀상에 비가 되어 내리는데
두 뺨에
흐르는 것이
빗물인지 눈물인지…

불통의 셈법

손익으로 계산되는 숫자놀음 세상살이
도저히 이해 못할 마음 숨긴 셈법들을
어젯밤 꿈속에서도 풀지 못해 매만 맞고

한때는 사랑방 같던 소통이란 단어들도
불신으로 산화되어 시뻘건 녹이 슬고
셈법의 굴레 속에선 족쇄만이 쩔그럭대는

팔 벌려 어깨동무로 가면 고샅길도 넉넉한 길
상생을 외치면서 돌아선 불통들의
답 없는 더하기 빼기 내일이면 공空인 것을

불효不孝

결국

어미, 아비의 몸 밖으로
빠
져
나
간
똥, 오줌이다

요즘
거름도 안 되는…

시작詩作 노트

부모님의 몸을 빌려 탄생한 몸이지만 끝내 그 은혜를 되갚지 못한 초라한 자화상과 더불어 쓸모없는 거름 찌꺼기처럼 존재의 무게는 가벼워지고 죄의식만 남아 있는 것이 참으로 부끄럽습니다. 아! 부모님이시여~.

동갑

금년의
제 나이가 궁금하시죠

그년과 동갑내기인데요
그년이 어떤 년이냐고요

육십갑자 방에 갇혀 있던
서른세 번째 년인데요
윤회의 세월을 다 보내고
육십일 년 만에 저를 찾아왔는데요
아예 반갑지를 않더군요

그런데,
그년이 나를 보고
꼭 죽을 때까지만 살라고 하면서
환갑인지 뭔지를 선물로 주는데
참으로 어이가 없데요

와~ 열 받아서

내가 폭삭 늙어 버렸어요
한 십 년은 더

그년,
이름이라도 예쁘면
반갑기나 하죠

병신년丙申年이 뭐예요
병신년이

병신년丙申年생
─ 되돌아온 육십갑자

병신년에 태어나
병신년과 동고동락하며
병신년에 환갑을 맞고
병신년에 실업자가 되었나니

이제 쓸모없는 나를 불러 놓고
출생의 비밀까지 알고 있는
병신년이 전하는 말

다른 년年 연년이 바꾸지도 말고
다른 년年 거들떠보지도 말고
다른 년年한테 바람맞지도 말고
다른 년年한테 한눈팔지도 말고

지조 있는 병신년답게
운명이요 팔자라 생각하면서

이 세상 끝날 때까지
이 세상 떠날 때까지

그저 그렇게
살아가면 된다고 하데

병신년 그년年,
두 번 다시는
오기가 힘들 거라면서…

낱장과 낱장의 거리

연륜의 검버섯 피어난
초등학교 앨범 속에서

철없던 서로의 짝사랑이
낱장과 낱장의 거리를 두고
반세기를 마주 보며 방황하다
가슴앓이 열병에
아예 달라붙어져 있었다

떼어 내면
떼어 낼수록 상처만 남을

천만년 사랑을 위한
깊고 깊은 밀약 같은

시작詩作 노트

초등학교 흑백 앨범, 그 속에선 낱장과 낱장의 거리를 두고 수십 년 세월을 넘어오는 동안 누군가가 누군가를 좋아하고 있었을지도 모를 소위 철없는 짝사랑이 가슴앓이 열병을 앓고 난 뒤 서로 마주 보며 아예 달라붙여져 있었다. 떼어 내면 떼어 낼수록 상처만 남을 것 같은 예감이지만 낱장과 낱장이 달라붙어져 있음은 천만년 사랑을 위한 밀약密約 같은 것이 아니었던가? 철없던 짝사랑도 사랑이기에….

CCTV(폐쇄 회로 티브이)

첫사랑 그녀를 찾아
방방곡곡 헤맸네

CCTV가 없던 시절이라
단서조차 잡지 못했네

결국,
미궁에 빠지고 말았네

시작詩作 노트

첫사랑이란 세월을 거슬러 누구나 한 번쯤은 처음 진심으로 사랑했던 사람을 일컫는다는 뜻으로 이루어지면 축복받은 일이나 대부분 끝까지 가는 경우가 비교적 드물기에 CCTV가 없던 시절 그래도 CCTV라는 영상매체를 통한 환상과 상상이 그 그리움의 표현 아닐는지?

인생

인생은
어~ 하다가 곡소리 만들고

통곡의 악보에 발맞춘
만가輓歌 속에

석양과 함께 경계를 넘어가는
찰나!

시작詩作 노트

인생의 본질인 찰나적 순간과 고통으로 하여금 삶은 계획대로 흘러가지 않고 때로는 한숨 섞인 곡소리와 눈물로 채워지는 여정과 함께 현실과 죽음이라는 초월의 경계가 곧 인생의 덧없음 아닌가?

영원한 모교여
—초등학교 동문 체육대회 축시

세월의 강 건너
외롭게 버티고 선 풍류산에는
와글와글거리던
학동들의 추억이 뿌리박혀 있고

애교심에 발로되어
목청 높여 부르던 교가는
옥녀봉의 전설이 되고 말았습니다

그래도 모교는 영원하거늘

옛부터 이름 높은 열두 개천안
또다시 이곳에서 만났습니다
모두가 그리운 얼굴입니다

개똥이, 짱돌, 말대가리, 토깽이, 아버이…
참으로 오랜만에 불러 봅니다
정감 어린 별명들입니다

인생사 돌고 도느라
반백이 되고
어언간 백발이 되었지만요

으샤으샤 힘을 합쳐 당겨 보시죠
동아줄도 감탄하여
네 편, 내 편 가르지 않고

영차영차 소리 높여 달려 보시죠
푸른 하늘도 감동받아
박수를 보냅니다

시작詩作 노트

하천초등학교는 충북 충주시 동량면 하천리(옛지명: 개천안)에 위치하고 있었으며 전성기인 1960년대 후반에는 약 700여 명에 가까운 학생 수를 자랑하던 학교로서 제36회 졸업생을 끝으로 분교인 지동초등학교와 함께 충주댐 건설로 인하여 폐교가 되고 또한 수몰돼 십수 년 전 몇몇 동문에 의하여 옛 추억에 대한 향수와 실향의 아픔을 달래고자 체육대회를 계획, 추진하여 개최한 바 있다.

모텔

—편견의 환상

들숨과 날숨으로 숨이 막힐 것 같은
자음과 모음이 섞여 암호를 주고받을 것 같은
천당과 극락으로 일방통행 할 것 같은
복종과 맹종으로 뒤엉켜질 것 같은
무슨 설설설說說說의 진원지 같은
못된 환상으로 블랙홀에 빠진 것 같은
……
정신 차렷!

의림지 노송

영호정 달빛 받고
경호루 별빛 받아

순절한 항일의 혼 달래던 노송들이

호수를 베고 누운 채
의병가를 부르네

※의림지: 제천 10경 중의 제1경.

월악산

음기를
품어 안은
황홀한 여인 자태

영봉에
걸린 달이
젖무덤 비춰 주면

덕주사
남근석들은
돌방아를 찧는다

※월악산月岳山: 제천 10경 중의 제3경.

송계팔경

우주의 삼라만상 월악에 깃든 풍광
옛 추억 가락으로 춤추는 송계 사랑
힐링과 치유의 쉼터 팔경으로 반기는

자연대 들어서니 아방궁 아니던가
청벽대 너럭바위 골뫼골 박힌 세월
팔랑소 달빛 섞인 물 팔선녀가 멱감던

학소대 두루미들 청아한 울음소리
와룡대 웅덩이에 수줍게 스며들어
월광의 폭포와 함께 세레나데 부르고

수경대 신사神祀에서 천신께 제祭 올릴 때
망폭대 벽하청천壁下青川 서서히 굽이돌아
세상사 근심 걱정을 모두 씻고 흐르네

※송계팔경: 자연대, 청벽대, 팔랑소, 학소대, 와룡대, 월광폭포, 수경대, 망폭대 등으로 송계(팔경)계곡은 제천 10경 중의 제8경.

탁사정

용암천 굽이굽이 노송을 휘돌아서
백사장 골바람도 살포시 끌어안고
짙푸른 용소와 함께 화조풍월花鳥風月 누리는

대암岱巖을 지나치던 조선 말 문신 나리
경치가 아름답다 토해낸 오언율시五言律詩
선비의 풍류 낭만을 읊조리던 그 자리

창랑滄浪의 맑은 물에 내 갓끈 씻어 보고
탁하고 흐린 물에 내 발을 씻는다는
굴원屈原의 어부사漁父辭 사연 탁사정濯斯亭이 되었네

※탁사정: 제천 10경 중의 제9경.
※굴원: 중국 전국시대 초나라楚의 정치가이자 시인.

배론성지

박해의 강을 건넌
주론산 배 밑 골은

순교자 넋이 서린
하느님 기도의 땅

거룩한 묵상의 도성
혼불로 선 성모상

※배론[舟論]성지: 성지 주변 산골짝 모양이 배 밑바닥 형상 같아서 붙여진 이름으로 제천 10경 중의 제10경.

마스크
—코로나

우한[武漢]의 코로나가
소리 없이 창궐할 때
마스크 걸친 귀엔 굳은살만 박혀 있고
절망의 웅덩이에선
카오스가 춤을 추는

생과 사 갈림길의
종착역은 어디인고
색색의 차단막이 입들을 봉쇄한 채
오늘도 갈지자걸음
재촉하는 혼돈의 길

제4부

마당발

아파트

결론부터 말하지

아파트는
살아 있는 자들의 납골당이라고

동棟과 동 사이
호號와 호 사이
화장되지 않은 유골들이 층층이 쌓여
굳게 닫힌 철문 속에서
각각의 집단으로 살아가는
영혼들의 감옥

그래도 어둠은 싫어
밤이면 휘황찬란한 형광 불빛 아래
늘어진 치즈의 피자를 오물거리며
삐뚤삐뚤하게
암호화된 생을 읽어 가고

스산한 바람만

배시시 웃고 스치는 창밖엔
이승의 늙은 꼽추들만
춤을 추고 있는데

고구려 고분 벽화에서 날아온
삼족오三足烏 한 마리가
아파트 담벼락을 끼고 돌더니
우리 집 초인종을 누른다

화들짝 놀라 굳어진 아내 얼굴
얼마 지나지 않아 서서히 밝아 온다
미소와 함께…

※삼족오: 세 발 달린 까마귀라는 뜻으로 태양 안에 살면서 천상의 신神들과 인간 세계를 이어 주는 신성한 새[神鳥] 혹은 수호새守護鳥를 이름함.

망초꽃

민초의 육신으로

산에서는
자유를 노래하리

들에서는
평화를 노래하리

무덤에서는
영원을 노래하리

길가에서는
환영을 노래하리

마을에서는
풍요를 노래하리

누구에게나
안녕安寧을 노래하리

어디에서든
정의를 노래하리

죽음에서는
비애를 노래하리

민초의 영혼까지

그래도島

―친구 하나가 김승희 시인의 '그래도'라는 섬에 갔다

호사다마라 했던가, 수많은 풍파를 이겨 내며 그토록 잘나가던 사업이 부도 한 장에 몰매를 맞은 친구가 극단적 선택을 암시하는 듯한 메모를 남기고 애간장 타들어가는 가족들의 마음을 아는지 모르는지 가시밭 넝쿨 속에 마냥 던져 놓은 채 말없이 종적을 감췄던 어느 날 내게 휴대폰으로 문자를 보내왔다.

"친구야! 내가 지금 그래도라는 섬에 와 있다, 낼모레 맘 다잡고 다시 올라갈란다" 하더라

그래도島,
용기 있는 자만이 찾을 수 있다는 그 섬

그래도島,
개똥밭에 굴러도 이승이 좋다고 하는 그 섬

그래도島,
작은 희망이 차곡차곡 쌓여 큰 섬이 되었다는 그 섬

그래도島,
맘만 먹으면 언제나 신세계를 만난다는 그 섬

그래도島,
나도 한번 가보고 싶은 그 섬

그래도島…

세 개의 섬 그 중심에

내 삶의 행복이자
내 생애의 중심인 세 개의 섬

어제도島 나와 함께했던 섬
오늘도島 나와 함께하는 섬
내일도島 나와 함께해야 할 섬

잔잔한 파도 일렁이는
평화로운 풍경이 펼쳐져도

해안가를 초토화시키는
쓰나미가 닥친다 해도

세 개의 섬 그 중심에
내가 있기에

그 섬 그 섬에서는
떠날 수 없으리

영혼마저
영원히 사라질 때까지는

고민

어둠 속
예약된 시계의 알람처럼
심장 박동이 시작된다

쿵쾅 쿵쾅 쿵쾅…

멈추지 않는다
정지 버튼의 고장이다

밤새 뒤척질 끝에
홀딱 날밤이다

아직도 그 속에 멈춰 있는 고민
두문불출,
사그라지지 않는 업보

염원 · 1

아리랑이 흐르던
세월의 강 그 언덕

안개비는
아직도 걷히지 않고

비목은 오늘도
서럽게 울고 있네

시작詩作 노트

우리 민족사의 아픔과 평화에 대한 바람을 서정적으로 형상화해 본 작품인 바 '아리랑' 은 한국인의 집단적 정서를 담은 노래로 세월의 강을 건너 이어져 온 민족적 한을 상징하였고 '안개비' 는 아직도 끝나지 않은 분단의 고통을 그리고 '비목' 은 전쟁의 희생과 그로 인한 서러움을 환기함으로써 평화와 화해에 대한 간절한 소망을 그려 보았다.

염원 · 2

목란꽃이여!
함박꽃이여!

반도의 휴전선 넘어
위장된 태양만이 이글거리는
차가운 동토의 땅 그곳에

민중의 혁명으로
자유의 열망으로

사그라지고
시들지 않는
위용으로 피어나라

튤립처럼
장미처럼
재스민처럼
먼 나라 국화國花처럼

우리의 염원처럼

낙산사에서

파도가
읊어대는
새벽 찬 독경 소리

동해의 아침 햇살 연꽃으로 피어올라

엉켜진
이승의 삶들이
여명 속에 풀리는 곳

해조음
밤새 울며
새벽을 기다리는

모래톱 층층마다 염원이 고여 있어

알파가
오메가 달고
만선으로 귀환하는 곳

핑계

너 바쁘니?
그럼 나도 바쁘다
서로가 바쁘다

불신이 바쁘다
핑계가 바쁘다
가식이 바쁘다

그래서
엄청 바쁘다
그냥 바쁘다

시작詩作 노트

바쁘다는 말 속에 숨어 있는 거리감과 외면의 마음을 포착해 관계의 모순과 자기 합리화 또는 이해하기보다 회피하는 시대의 풍경을 '그냥 바쁘다'는 짧은 어조로 풍자화하여 현대인의 가식과 소통 부재를 그려 봤습니다.

마당발

그것은
유전이 아니야
기형 또한 아니야

다만,
나이가 들면 들어갈수록
넓혀져 가는

인간사 모두가
그런,
그런 발이야

마당발은…

시작詩作 노트

우리가 흔히 말하는 마당발이란 사람들과의 사귐이 많고 폭넓은 사람을 일컫듯이 누구나 연륜을 더할수록 넓혀져 가는 마당발, 그 또한 인지상정 아닐는지?

추억

더듬이

아,
낡은 더듬이

오,
그리운 촉수觸手여!

시작詩作 노트

세월이 흐르면서 무뎌지고 빛바랬던 기억들을 되짚어 보고자 하는 간절한 낡음의 욕망, 그 속에는 시간의 무게와 상실감이 배어 있기에 추억을 향한 그리운 촉수를 다시 한번 더듬어 보았다.

애주가의 눈병

천하를 얻은 듯
애주가인 나에게
위장병도 아니고 간장병도 아닌
웬~ 눈병이 도지고 말았지

안과 진찰 결과
결막에 염증이 생겼다나
절대 금주와
과로 역시 금물이라는 그 말씀
분명 내 귀에는
술병 따는 소리로밖에 들리지 않았지

속마음은 진짜 엄청나게 켕기는
섬뜩한 모습으로
삼 일 치의 처방과
열흘 치의 근심을 덤으로 받고 오는 길
눈에는 두 개의 상像이 어른거렸지

하나는

늘 술 성화를 대는 아내의 상과
또 하나는
주당파 거물 종관 형님의 상

영원한 술벗 그보다
두려움의 오늘만큼은 아니, 삼 일만큼은
아내의 상이 선명하다 못해
너무나 뚜렷하게 보였고 또한 보일 테지

눈치를 안주 삼아 마시던 술, 술, 술에
어느 만치 술[酒] 자가 솔[松] 자로 바뀌어
관솔처럼 염증으로 박혔다니
이에 놀란 아내의 상은
동공사瞳孔寺 입구의 사천왕이 돼
지아비의 호법신이 되고…

몇 방울의 안약이
눈물처럼 흘러내리는 순간
엄처시하의 서러움도 약이 되어

눈에 박힌 관솔과 호법신이 사라져 간
삼 일간의 기나긴 투병 끝

오랜만에 안부 전화를 한다
"종관 형님! 오랜만에 한잔하쥬"

만취漫醉

세상을 통째
　　　통째
　　　통째로 마셔

푸념에 취해
　　　취해
　　　취해 버린

일련의 난亂
　　　난亂
　　　난亂이로다

시작詩作 노트

세상의 혼란과 인간의 감정을 술에 비유, 통째로 마시는 과감성의 이미지로 하여금 현실을 온몸으로 받아들이는 태도와 '취해'와 '난亂'이라는 단어 반복으로 내면의 혼돈과 몰입의 극점을 피력해 봄.

애주가의 흉몽凶夢

언제부터인가
애주가란 골빈 명패 하나로
주류 공장 주인 행세를 하며
술 도가니에 푹 빠져 버린
용감무쌍했던 사나이

이제는 알코올에 찌든 채
지나간 시간 다시 잡으려
기력을 다해 보지만
밀폐된 도가니 속의 비명은
점점 방음防音으로 옥죄여
마지막 숨으로 몰아가고

밤새 준비된 듯한
수의壽衣를 불태우던 아침 햇살

어느새
창틈 사이로 스며들어 와
툭툭 치며
나를 깨우고 있네

해넘이

온 동네
부끄럼 따위는 아랑곳하지 않고
괜한 구설수만 남긴 채
종일토록 휘젓고 다니더니만

어느새
알몸 벌겋게 달구며
산등성일 넘어가는
가시내야!
가시내야!

어허,
내일은 또 어쩌려고?

시작詩作 노트

해넘이를 의인화해 천방지축 뛰노는 가시내의 부끄럼 없는 대담성을 생생하게 묘사해 봄으로써 해의 움직임이 단순한 자연현상이 아니라 마음을 떠들썩하게 하고 떠나는 인물의 극적인 행위를 색다른 자연의 시선으로 전개하여 보았다. 내일은 또, 또, 또 어쩌려고….

요양원

지난날 활보했던
무제한 구역들을

세월에 낚인 채로 황급히 돌아보니

자투리 생의 끝자락
그린벨트 묶였네

시작詩作 노트

젊은 날엔 울타리 없는 세상을 맘껏 활보했으나 세월은 결국 자신의 걸음을 요양원이라는 자투리 생의 끝자락에 머물게 함으로써 자유를 거둬들이는 동시에 마지막 생을 준비하게 하는 평안의 자리가 곧 제한 구역 즉, 그린벨트 아닌가 하여 먹먹한 마음을 정형 시조로 표현해 보았다.

봄

삼동三冬을 지나 만발한 봄꽃
차마,
순결한 마음 없인 다가설 수 없어
눈으로만 찰칵

봄볕같이 포근한 그대 사랑에
차마,
행복하다는 말할 수 없어
마음만 담아 찰칵

좀처럼 오지 않는 내 생애의 봄날
차마,
누군가에게도 말할 수 없어
흘러간 세월만 찰칵

찰칵, 찰칵, 찰칵

이 봄이 가기 전에
다시 한번

찰칵

자, 마지막으로
한 번 더
차—알—칵!

봄꽃, 꽃봄

봄이 꽃을 깨우면
봄꽃이 되고

꽃이 봄을 깨우면
꽃봄이 된다던

그래서 봄을 꽃이라 했다
그래서 꽃을 봄이라 했다

아지랑이 가분가분 일어나
뱅글뱅글 돌고 돌며
뻐꾹~ 뻐뻑꾹~
뻐꾹새 울음 따라
너울너울 춤추는

봄꽃과 꽃봄 사이
꽃봄과 봄꽃 사이

아롱아롱한 봄날

석양 · 1

온종일
제 몸 뜨겁게 달구어 완숙시킨

저, 둥글고 황홀한 맛
노을빛에 구르는 침샘

꿀꺽~!

시작詩作 노트

온종일 세상을 비추고 난 뒤, 붉게 물든 석양을 바라보며 문득 '잘 익은 붉은 과일' 이 떠올랐다. 그 달콤한 완숙의 순간처럼 저녁 하늘도 입에 닿는 듯 진하게 다가와 자연이 주는 장관이 때로는 한 입 베어 물고 싶어질 때가 있었는 바 석양의 아름다운 풍경을 눈으로만 아니라 맛으로도 느끼고 싶었기에 상상의 기록으로 남겨 봄.

석양 · 2

낫술에 취한 석양
노을의 마중 받고

더불어 불콰해진
뜨거운 사랑 앞에

나도야
노둣돌 놓아
은하수를 걷고 싶네

시작詩作 노트

늦은 오후, 노을 지는 석양의 순간에 영감을 얻어 인간적 나른함과 자연의 색채가 어우러진 듯한 환영幻影에 이어 사랑의 분위기를 감정과 신체적 반응으로 연결 은유함으로써 인간관계의 열정과 순간적인 몰입의 힘으로 은하수로 가는 상상력과 낭만적 욕망과 무한한 자유를 만끽하고 싶었다.

제5부

황금 이빨

단풍 · 1

정점을 향해

시나브로 타오르는

혼불!

너무

가까이 가지 마라

화상 입는다

시작詩作 노트

단풍은 단순한 자연현상이 아니라 '혼불' 처럼 타오르는 영혼의 불꽃으로 형상화해 봄으로써 절정으로 향하는 순간의 아름다움과 소멸의 불가피성을 동시에 나타내 아름다움 속에 잠재된 뜨거움으로 하여금 위험과 매혹과 경계의 이중성을 표현해 보려고 했다.

단풍 · 2

만장輓章 들고

북망산을 넘어가는

가을의

통곡 소리

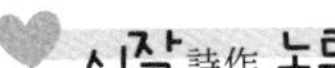

망자亡者를 슬퍼하며 지은 글을 비단·종이에 적고 또한 기를 만들어 상여 뒤를 따르는 '만장輓章'과 '북망산'을 빗대어 죽음과 이별을 상징화하였으며 '가을의 통곡 소리'는 자연의 풍경을 인간적 정서로 전환해 아름다움 속의 비애를 응축해 본 작품이다.

단풍에 대한 단상

무슨 말 못 할 가슴 아픈 사랑이 있었기에
애증의 산굽이마다 불 지르고
분신의 몸을 활활 태우고 있는
저 볼썽사나운 광경

다가가서 끌까 말까 머뭇거리다가
그냥 바라만 볼까 말까 망설이다가

잠시 멈칫
금세 나를 에워싼 불의 뜨거움

내 몸 달구어
가을의 화인火印을 찍는
화상火傷의 순간들

만산홍엽滿山紅葉

만추晩秋를 즐기며

상강霜降표 국화주 서너 잔 마셨더니

오르는 취기를

도저히 감당해 낼 수 없군

시작詩作 노트

24절기 가운데 열여덟 번째인 상강霜降은 10월 하순쯤에 해당하는 가을의 마지막 절기로 본격적인 늦가을이라는 점이오. 여기서 국화주는 계절과 맞아떨어지는 술로 단풍과 함께 계절을 즐기려 하나 결국 취기 앞에 무너지는 나약함과 풍류에서 출발해 인간적인 허술함으로 마무리되는 역전의 미학을 표현해 보았다.

시詩

습작한답시고 모방하지 말라 했다
표절이란 단어를 쓰지 말라 했다
연필 가는 대로 쓰라 했다

얼굴을 성형하지 말라 했다
덕지덕지 화장도 하지 말라 했다
다만, 다만,
손톱에 꽃물만 살짝 찍으라 했다

시는 마음의 양식이라 했다
시에 상처를 주지 말라 했다
신체발부수지부모身體髮膚受之父母라 했다

명시와 졸시
그게 그거라 했다

꼭 명심하라 했다

술[酒]

캬!~ 좋다

바람 따라 구름 따라 잘도 잘도 넘어간다
언덕도 없다, 바위도 없다

주객들의 박자 따라 취객들의 희열 따라
산 넘고 강 건너 돌고, 돌고, 돌~고
희로애락 생로병사 돌고, 돌고, 돌~고
인생이 안주 되어 돌고, 돌고, 돌~고

블루스, 지르박, 탱고, 왈츠가 되어
잘도 잘도 돌아간다, 잘도 잘도 넘어간다

술, 술, 술
돌고, 돌고, 돌~고
술, 술, 술

달빛 아래 땡기는 발 술기운에 더 가볍다
후회도 없다, 미련도 없다

잔 속에 피는 이야기 입 속에 녹는 한숨이
밤 타고, 골목 타고 돌고, 돌고, 돌~고
기쁨, 슬픔, 못다 핀 사랑 돌고, 돌고, 돌~고
웃음이 술이 되어 돌고, 돌고, 돌~고

트위스트, 삼바, 룸바, 차차로 피고
잘도 잘도 흘러간다, 잘도 잘도 녹아든다

술, 술, 술
돌고, 돌고, 돌~고
술, 술, 술

밀턴 프리드먼의 샤워

요즘의 정객들은
샤워를 자주한다
밀턴 프리드먼의 샤워를

덩달아 관료들도
샤워를 가끔한다
밀턴 프리드먼의 샤워를

출출할 땐
허송세월도 잘 먹는다
가끔은 부패될 간식도 맛있게

밀턴 프리드먼이 웃고 있다
허허허
껄껄껄…

시작詩作 노트

노벨경제학상을 수상한 밀턴 프리드먼은 경제학자로서 그의 어록 중에 '바보들의 샤워' 라는 말이 있는데 바보는 적당한 온도의 물로 샤워를 못한다는 뜻으로 냉탕, 온탕을 반복하는 중심 잃은 정객 혹은 관료들을 비유해 봄.

실명제實名制와 실명제失名制

요즘엔 시골에서 생산되는
농산물 하나에도 생산자 이름이 박힌
농업 실명제實名制

수십조 원이 소요된 정책 사업에
책임지는 이 하나 없는
정책 실명제失名制

양심과 비양심의 굴레에서
내 이름 석 자의 실명實名 아래
희망을 가꾸고 행복을 만들어도

욕심 하나로
수상하게 거래되고 풀어 가는
삶의 방정식

결국, 허영으로 마감되는 실명失名이다
실명實名과 실명失明을 구분하지 못하는
눈먼 장님이다

새벽

어차피 풀어야 할 난수표처럼
먼동을 해독하기엔
아직도 생생한 달나라의 모음

안개 무리에게
굴욕당한 미명未明
그들이 부르는 흑인 영가
사활을 건 혈투
냉엄한 승부

몇 점의 소금쩍으로
안개, 안개 스러지면
해독된 난수표
아다지오로 걸어오고

달나라의 쉰 모음
들릴 듯 말 듯

발문을 읽는 처녀성
새벽 신음 소리

연말연시

자본주의 속성들이
그 탱탱한 영웅들이

너덜너덜한 청바지에
얼어 빠진 내장 다 드러내 놓고
동상 걸린 낡은 지폐 몇 장으로
지쳐 있는 연말에 회유하는 말

다사다난했던 한 해라고
연말연시가 흥분된다고
가는 해를 아쉬워한다고
밤새도록 마시고 즐기자고

깨어나지 않은 신년의 햇살
꿈속에서 엿듣고
고열 앓는다

부글부글 끓어오르는
저, 준엄한 충고

중복 날의 겨울 바다

폭염이 한계점 기온을 오르내리는
찜통의 중복 날

평소 아끼던 후배에게 휴대폰 문자로
"오늘 날씨 엄청 폭하답디다, 건강 조심하시게" 하였더니

"선배도 참~
날씨가 너무너무 따뜻해 속초로 피서 가는 중이요" 하더라

두어 시간 지나자 문자와 영상이 동시에 착신
'선배, 파도 소리'

한참 후 약이라도 올리려는 심사인 듯
착신하는 또 하나의 문자
'들으셨나요, 파도 소리'

무더위에 지쳤는지

포말에 목이 잠겼는지

바다의 침묵
암호만 날아오고

속촌가 양양인가의 해안
송두리째 영상으로만 박혀

육신의 빙하가 녹아내리는
한겨울의 여름 바다

신의 손이 만들어 보낸
한여름의 겨울 바다

황금 이빨
—국회 청문회

단돈 십 원도 받지 않았다는
백억짜리 의원 나리

꼭, 물증의 밤 태풍이 휘몰아치고 나서야

입이 발작했는지
양심에 고문을 당했는지

싸구려만도 못한
백억짜리 위선으로

민의를 조롱하는
황금 이빨

위정자들이여

위정자들이여!

바사왕 고레스의
바벨론 심판이 두렵다면
지난날 그대들의 일탈을
고해성사해야 하오

애타던 절규와 눈물의 호소로
명예와 위엄을 얻었소만은

그것은 끝내
당신들만의 잔치뿐이었다는 것을

영광된 가문의 가문을 위해
휘호揮毫만 정성껏 그리고 있었다는 것을

더 늦기 전에
아니, 저 위대했던 자들의 묘역으로 가기 전

주렁주렁 달린
훈장들을 버리고

철모르는 아이들과
가난한 자들과 민초들에게

진정한 양심을
되돌려 줘야 하오

성부와 성자와 성신의
그 아름다운 이름 앞에

먼지

구석구석 일용할 양식들의 비늘 같은
일상의 배설물들이 분진으로
쌓이고 쌓인 번뇌

아니, 이승의 해탈
찬란했던 역사
아니면 애물단지들

난 오로지
피안의 경지라 말하겠다

순간 발작하는 계획된 쿠데타에
일순간 사라진다
포구 속으로 흔적도 없이

고요와 적막
오히려 새로운 영혼들을 불러 모으고
대담한 무덤 다시 만든다

그 먼지들
반전이다, 반전

불신

가짜를 진짜로 믿고
진짜를 가짜로 믿는

명품이 짝퉁 되고
짝퉁이 명품 되는

진실이 거짓이 되고
거짓이 진실이 되는

오호라!

제멋대로 얽히고설킨
일탈한 언어들이

모순의 일상 속에서
불신의 역사로 빛나는
그야말로 요지경 세상이다

아니다

묘하다는 말의

형용사 천국이다

폭설과 욕설

한겨울 늦은 밤
지인과의 술자리가 파장되고
만취와 함께 귀가하던 중

하늘은
나를 향해 폭설을 마구 퍼부었다

즉각 응사하듯

나도
하늘을 향해 욕설을 마구 퍼부었다

에라이~ 쓰발, 쓰발…

어느 공화국에서나 있을 법한
수령 모독죄가
잣눈으로 쌓이고 쌓여
인민은 갈지之자 고난의 행군이다

밤새,
폭설에 취해 쓰발!

눈[雪]

최길하 시인
독발禿髮에 내리는 눈은
소한, 대한 추위에도
금세 녹아내리고

이궁묵 시인
흑발黑髮에 내리는 눈은
입춘이 지나야
녹아내리지만

파뿌리 같은
내 은발銀髮에 내리는 눈은
한여름 삼복더위에도
녹지를 않네

외도外島 사나이

1969년 어느 날
바다낚시를 왔다가 풍랑을 피해
외도와 맺었다는 인연으로 섬을 송두리째 사드려
생의 최후까지 혼불 사르던 배짱 두둑한 사람

광활한 해면 에메랄드빛 파노라마를 보며
명상의 언덕을 만들고
편백 태피스트리로 천국의 계단을 만들어
다비스가 비너스를 탐욕하는
황홀한 지중해 사랑과
해금강에 취해 베르사유 궁전의 신음 소리
은밀하게 들려오는 코리안 파라다이스

이국의 무리로 휘둘러 친 잔디마당
기마전과 제기차기와
소꿉놀이와 물구나무서기 하는
반도의 아이들에게

아담과 하와가 사탄의 유혹에 넘어간
창세기 그 말씀 선악과善惡果를 들려주는

전생이
꽃이었을 나무였을 바다였을 하늘이었을
아니, 자연의 대부였을…

외도에서 외도를 하다
천상의 만찬을 위해
스스로 만든 천국의 계단 조급히 밟고

르보, 르 브룅, 르 노트르와 합류한
밖 섬 사나이

"오늘도 저 하늘, 몽땅 홍정하셨는가?"

지상의 아내
땀방울이 뭉게구름 되는 지금…

시작詩作 노트

프랑스의 루이 14세가 50년이라는 긴 세월과 어마어마한 비용을 들여 정원을 만들고 베르사유 궁전을 완성했듯이 외도 해상공원은 이창호, 최호숙 부부에 의하여 30여 년이라는 고난과 인고의 세월로 무無에서 유有를 창조한 신화적 걸작이다.

특종 보도

한일 공동 연구진에 의하여
세계 최초로 '아버지 없는 쥐' 를 처음 탄생시켰다고
유전자 조작으로 정상 난자에 결합했다고

그래서 건강한 생쥐를 만드는 데 성공했다고
이론적으로 같은 포유류인 인간에게도 적용될 수 있다고
아버지 없는 생식이 가능하다고
세계적 학술지인 《네이처nature》에 게재되었다고
그것이 특종 보도라고

암! 그렇지
생명과학의 혁명

암! 그렇고 말고
인간 과학화의 노리개

윤리를 뒤틀어서
애비 없는 자식을 만들고

규범을 찌그려서
카오스chaos의 속살을 만들고

그래서 혁명, 혁명이라고
그래서 쥐를 윤간시킨
그래서 당신들이
그래서 애비야, 애비

자연의 환생

태고의 하얀 미소 오늘을 모르던 날
푸른 하늘 열릴 적에 내 눈은 소리쳤고
맑은 개천 흐르던 날 얼굴을 담았었다

열흘날의 새소리도 하루를 굶지 않고
제 몫 찾은 풀벌레도 쉼표 없이 흥얼대며
여느 때의 비바람에 나뭇잎도 향기롭다

웬일일꼬 가슴 조인 마음들은 탈을 쓰고
알지 못할 도적 떼들 욕심 쌓인 올챙이배
투명하던 전설 울음 눈물도 말랐다나

돌아보는 등 뒤에선 숨 막히는 검은 전쟁
오염의 이끼 낀 돌 균열하는 폭음 내음
아! 자연의 삶에 들려오는 비명 소리

푸드덕이는 날개마다 오열하는 희구希求의 성
어머님의 자장가로 걸어 올린 소맷자락
대자연의 환생 길에 선각자로 자초하소!

—1992년 제2회 충청북도 문예작품공모전 일반부 최우수작

이수진 시인의 시 세계

시평

시평

'가족!' 그 애틋함과 그리움의 둥지
—이수진 시인의 시 세계

최길하 | 시인

이수진 시인은 문학 관련 공모전에서 많은 상을 받았다. 또한 카피라이터다. 이 분야 공모전에서도 많은 상을 받았으며 대한지적공사 블로그 네이밍 '애지중지愛地重地', 경기도 의왕시 도시 브랜드 '이왕이면 의왕' 등이 그의 작품이다.

시인이나 카피라이터는 엉뚱(?)한 편집과 상상을 습관화해야 한다. 실제 이수진 시인과 같이 있으면 만화책을 펴고 있는 듯하다. 빵빵 터진다.

시집의 〈시인의 말〉에서 시인은 "망상의 철학도 시詩가 되는 날"이라고 했다. 시인은 자신도 모르게 자기의 특성을 그만 내비치고 말았다.

존재, 현상, 즉 물질(입자)의 실체를 파고드는 것이 서양 과학이다. 그래서 우주가 탄생한 순간부터 시간과 공간을 추적해 간다.

동양 철학은 이와 반대 방향을 바라본다. 서양 과학이 현미경으로 먼지 속에 먼지를 부수고 부숴 관찰한다면 동양 철학은 붙이고, 붙이고, 또 붙여 우주를 만들어 망원경으로 바라본다. 밤하늘을 바라보며 내 탯줄이 북두칠성에 달려 있다고 믿는다. 나와 자연과 우주가 한몸이라는 관계로 전개해 나간다.

그런데 찬찬히 보면 목표는 따라간 방향과 반대편에 두었다. 서양은 우주를 알기 위해 우주의 초기 탄생 비밀인 원자를 관찰한 것이고, 동양은 나를 알기 위해 우주로 나간 것이다.

서양 과학이 빅뱅, 우주 탄생의 순간부터 만물의 씨앗인 원소 원자를 밝혀내고 원자를 부수어 전자와 양성자 속 미립자를 찾아냈다. 그런데 우주에서 전자 미립자까지 파고들어 가 보니 전자 미립자가 신神 또는 귀신의 행동을 하고 있었다. 먼지가 귀신 놀이를 하고 있다니. 먼지가 신경神經이었다니!

물질 입자의 최종 메트리스는 100년 전까지 에너지라고 했다. 지금은 자율 신경망이라는 것을 확인했다. 즉 물질은 관계로 얽힌 정보(신경망)라는 것이다. 이를 '양자역학' 이라 한다. 양자역학은 디지털, 전자혁명, 인공

지능AI, 바이오산업 등으로 응용되어 어제가 옛날처럼 빅뱅 되고 있다.

과학이 우주에서 터널을 뚫고 들어가 전자 미립자를 만나고 밖으로 나와 보니 들어갔던 입구로 다시 나온 것이다. 부산 앞바다에서 한 방향으로 계속 항해하면 부산으로 돌아오는 것이다.

우주와 그 속에 존재하는 삼라만상은 미립자의 자율신경망 즉 의식 생각이 그리는 그림자였던 것이다.

일체유심조가 경전 용어가 아니라 과학 용어였다. 모든 존재는 마음과 생각이 그린 그림자라는 것이 증명된 것이다. 서양의 과학과 동양의 철학은 동전의 양면과 같다. 100원짜리 앞면에는 이순신 장군의 그림자(영정)가 있고 뒷면에는 숫자 100이 있다. 100이란 100 이상 '온' 전부다. 100은 원소에서 우주까지의 입자다. 이순신 장군 영정은 그 입자의 픽셀로 구성된 그림자였다.

"망상의 철학도 시詩가 되는 날" 생각이 현상으로 드러나듯이, 망상과 상상이 시로 나타나고, 그 시는 천간(날줄)과 지지(씨줄)를 엮어 옷을 만드는 '베 짜기' 가 된 것이다.

이 시집을 관통하는 주어는 시인의 가족에 대한 애틋함과 그리움이다. 둥지에 대한 그리움이다. 첫 장 아내에게 받치는 노래로 시작해서 아버지, 어머니, 형님, 딸, 손주들을 애틋함과 그리움으로 부른다.

오,/ 아내여!

오색빛 아름다운/ 나의 아내여!

당신의/ 이마 속 궁궐에는/ 황금빛 지혜가 숨어 있습니다

당신의/ 분화구 같은 쪽볼에는/ 핑크빛 행복이 샘솟습니다

당신의/ 넉넉한 마음속에는/ 장밋빛 사랑이 찰랑입니다

당신의/ 올곧은 성품 속에는/ 초록빛 희망이 넘실댑니다

당신의/ 정갈한 고운 자태는/ 순백의 영원한 신부랍니다

오,/ 아내여!

오색빛 찬란한/ 나의 아내여!

―〈아내의 오색五色빛〉 전문

시집의 제목처럼 아내를 향한 이 순결한 마음에 무슨 해설이 필요하겠는가? 꾸밈없고 거짓 없는 진심이라는 것을 누구나 느낄 수 있다. 고희의 순애보가 오색찬란하다. 이 시를 접해 보면 〈월인천강지곡月印千江之曲〉이 떠

오른다.

세종대왕의 부인 정희왕후는 세종대왕보다 먼저 돌아가셨다. 세종대왕은 부인을 그리며 아들 세조에게 어머니 생애를 부처님 일대기와 중첩시켜 어제 만든 훈민정음으로 책을 지으라 한다. 책을 지어 가져왔다. 『석보상절釋譜詳節』 간추린 부처님 일대기란 뜻이다.

대왕께서 다 읽어 보시고 흡족해하며 직접 노랫말 시 580수를 쓴다. 〈월인천강지곡〉 당신은 달이었소. 삼라만상을 다 비춘 이란 뜻이다.

정희왕후는 왕의 아내가 되었다는 이유로 친정은 멸문지화滅門之禍를 당한다. 세종 아버지 태종 이방언의 계획이었다. 정희왕후 아버지와 오빠는 죽임을 당하고 어머니와 올케들은 노비가 된다. 왜? 외척이 세종의 앞길에 걸림돌이 될까 봐. 그러니 정희왕후의 속은 숯이 됐을 것이다. 그래서 세종대왕이 아내의 영혼을 〈월인천강지곡〉을 지어 달랜 것이다.

〈아내의 오색五色빛〉! 이 시가 바로 시인의 〈월인천강지곡〉이 아닌가?

결혼 전에는

내 어머니의/ 당당한/ 동안童顔의 아들이었다가

결혼 후에는

내 아내의/ 초라한/ 늙은 아들이 되고 말았다

—〈인생무상人生無常〉 전문

'웃프다' 웃음이 돌다 슬퍼진다. 늙어 가는 부부의 '연민의 정' 마주 보며 보듬고 사랑하던 부부가 같은 방향을 바라보는 것이다.

"그녀 먼저 숨을 거둬 떠날 때에는/ 그 숨결 달래서 내 피리에 담고// 내 먼저 하늘로 올라가는 날이면/ 내 숨은 그녀 빈 사발에 담을까"(서정주, 〈내 아내〉) 미당 서정주의 〈내 아내〉라는 시가 떠오른다.

어머니는/ 아버지께서 손수 만들어 주신/ 단장短杖을 벗 삼아/ 아직도 잔설이 사그라지지 않은/ 이른 봄 길 따라/ 마냥 그렇게 오셨습니다(중략)

숨 고른 마파람은/ 세월의 주름과 함께/ 하얀 백발을 흩날리며/황혼의 애수와 고독을 노래하는데

당신의 아들/ 길모퉁이 돌고 돌아/ 맨발로 달려갑니다

"어무이, 어무이"

금세 품 안에 안겨/ 옹알이하던 불혹의 아들

고희, 아니 칠십 목전에서조차/ 당신 없는 그리움에/ 또 옹알이를 앓고 있습니다

"어무이, 어무이…"

—〈어머니 오시던 날〉 일부

"엄마" 하고 부를 때는/ 매양 고단한 삶의 일상이셨기에/ 대답이 없으셨고

"어머니" 하고 부를 때는/ 어느덧 황혼길 외로이 가시노라/ 또 대답이 없으시더니

"어머님" 하고 부를 때는/ 이미 세상에 계시지 않으심으로/ 아예 대답이 없으신

아, 나의/ 엄마/ 어머니/ 어머님이시여!

—〈엄마, 어머니, 어머님〉 전문

『시경詩經』을 공자가 평하기를 "시삼백詩三百이 사무사思無邪"라 했다. 시 삼백 편이 한 점 꾸밈이 없다는 뜻이다. 원초적 감정이 그대로 터져 나온 것이다. 어머니와

아들의 영원한 모정. 모정의 세월 그 아득함이 느껴진다.

당신께서/ 그토록 즐겨 드시던/ 음주에 대한 장인정신을/ 무슨 가업인 양 계승하여

수십 년 전,/ 어머님께서 요리하고 조리해 주시던/ 감칠맛 나는 민물고기/ 불거지, 참마자, 피라미 등의 조림을 안주 삼아/ 추억 속에 만취가 된 막내아들/ 이리 비틀, 저리 비틀거리며/ 노을 진 고향 하늘만/ 멍하니 바라보고 서 있습디다

—〈아버지의 후릿그물〉 일부

화가 이중섭이 6·25 때 제주도 피난 시절을 추억하며 그림을 그렸다. 그림 그릴 종이가 있나 물감이 있나 붓이 있나, 생각해 낸 것이 미군 담배 종이 은박지에 못으로 긁고 그름으로 뭉개서 상감한 그 유명한 은지화 시리즈다. 대부분 아이들과 바다에 나가 게를 잡고 고기를 잡는 풍경을 그렸다. 발가벗고 뒹구는 가족을 그렸다. '웃픈' 그림들이다. 아버지와의 추억, 동화 같은 그림이 시인에게 시로 자리 잡고 있다.

그 언제였던가요/ 열 살도 채 되지 않던 나는/ 세상 처음으로/ 슬픔이 무엇인가를 알았습니다

사십육 년 전이었던/ 천구백육십삼 년 십이 월/ 형제의 혈육이라곤/ 오직 한 분밖에 안 계시는 당신께서/ 엄동설한의 매서운 찬바람을 안고/ 군에 입대하시던 날 아침/ 부모님과 동네분들의 배웅 받으며/ 시골 버스에 오르시던 모습이/ 주마등처럼 간혹 스쳐지지만/ 오늘은 왠지/ 생생한 추억으로 제 앞에 멈췄습니다

어머님께서는/ 비포장 먼지 속으로/ 멀어져 가는 당신을 바라보시며/ 기약 없는 생이별인 양/ 하염없는 눈물 흘리시고

아버지께서는/ 긴 한숨과 줄담배로 마음 추스르시며/ 슬픔을 삭이시려는 듯/ 주막으로 향하실 때

철부지였던 나는/ 어머니 손잡고 집으로 돌아오는 길목에서/ 우리 형아 어디 가냐고, 언제 오냐고/ 울며 뒹굴던 그날이 엊그제 같건만/ 참으로 많은 세월 흘렀습니다

거역할 수 없는/ 인생무상이란 단어 앞에/ 오늘이 벌써 당신의 고희시라니(중략)

그 예전, 너무나 단출했던/ 네 식구의 장남이라는 이름으로/ 온 우주의 짐 다 지으시고/ 험준한 계곡 여울목 세월 지나/ 이제는 스스로 깊어져 가는 강이 되고/ 어둠을 밝히는 촛

불 되셨습니다

—〈형님의 자리〉 일부

먹먹한 흑백의 판화 한 폭이다.

선규[長女] 결혼을 축하하며

세상에/ 어느 눈부신 햇살이/ 너희들만 하랴

세상에/ 어느 아름다운 꽃이/ 너희들만 하랴

세상에/ 어느 소중한 사랑이/ 너희들만 하랴

세상에/ 어느 축복의 순간이/ 너희들만 하랴

—〈화촉점화華燭點火〉 일부

선아[次女] 결혼을 축하하며

화려한 사모관대보다/ 의연한 예복에 묻어나는/ 당당한 품새가/ 정말로 듬직하구나

싱그러운 오월의 햇살처럼/ 새하얀 드레스와 더불어/ 곱디고운 수줍은 미소가/ 참으로 아름답구나

너희는 아느냐

예복의 검은색 의미를/ 드레스의 새 하얀 참뜻을…

우주의 모든 색이/ 하나로 보태진 검은색이란다

우주의 모든 색을/ 고스란히 걷어낸 하얀색이란다

하여,

세상의 모든 것을 품고/ 배려와 이해로써 함께하는/ 남편이 되어라

세상의 모든 것을 걷어내고/ 순종의 미덕으로 함께하는/ 아내가 되어라

—〈사랑 그리고 행복〉 일부

빛나(막내) 결혼을 축하하며

'빛나' 라는 이름처럼/ 빛나는 마음과/ 빛나는 지혜로/ 빛나는 삶의 낙원을/ 만들어 가고 있는 막내야!

네가 이 세상에 태어나던 날/ 온 세상은/ 참으로 거룩했었지

가장 위대하고/ 가장 크고/ 가장 소중하고/ 가장 아름다운/ 신神의 선물이었기에 말이다

—〈'빛나' 라는 이름처럼〉 일부

'선규' '선아' '빛나' 딸 셋을 결혼시키며 쓴 시다. 하나 둘씩 빠져나간 딸의 빈자리. 그 텅 빈 자리가 세상에서 가장 허전하고 컸을 것이다. 마음 여린 시인은 한없이 울었을 것이다.

그의 고향은 충북 충주시 동량면 하천리 개천안開天安이다. 댐으로 수몰이 됐다.

오색 비단 헝겊 조각 나풀거리던/ 그 옛날 장선 고갯마루 당산나무 아래/ 치성 드려 쌓아 놓은 서낭당 돌무더기 지나/ 구부렁길 돌고 돌아 성큼성큼 다가가면/ 솜사탕 같은 뭉게구름 반가이 마중 나오던 곳

궁궐 같은 꽃동네 황홀하게 유혹하던/ 봄날의 정취가/ 망종 절기 따라 황금빛 보리밭 출렁이던/ 여름날의 정취가/ 단풍잎 울긋불긋 잉걸불처럼 훨훨 타오르던/ 가을날의 정취가/ 함박눈 펑펑 내리면 산까치 깍깍깍 울어대던/ 겨울날의 정취가/ 옥녀봉과 풍류산을 휘돌아 파노라마처럼 펼쳐지던 곳

조상님들의 숨결 어린 만년유택 선영 아래/ 아늑하게 감싸 안은 포근한 기운들은/ 어머님의 온화하신 성품인 듯 닮고 닮아/ 곱디고운 천사처럼 사뿐사뿐 다가오던 곳

천년을 가부좌한 법경대사자등탑비와/ 안녕과 풍요를 기원하는 솟대들의 수호신도/ 어서 오라 손짓하며 따뜻하게 반기우는/ 훈훈한 정겨움들이 옹기종기 모여 있던 곳

—〈내 고향 개천안開天安〉 일부

시 100편 모두 그가 돌아본 풍경들이다. 인생 70년을 그린 병풍 한 틀을 메고, 그는 석양에 울고 서 있다.

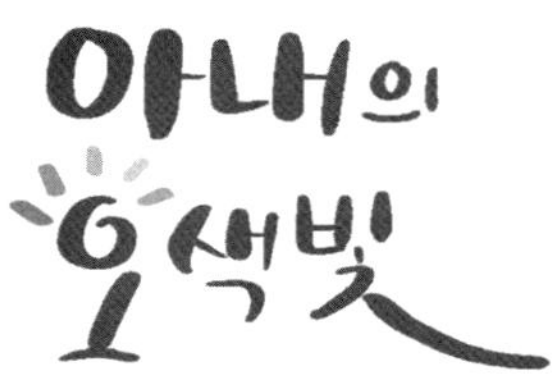

발행 I 2025년 11월 27일
지은이 I 이수진
펴낸이 I 김명덕
펴낸곳 I 한강출판사
홈페이지 I www.mhspace.co.kr
등록 I 1988년 1월 15일(제8-39호)
주소 I 서울특별시 종로구 삼일대로 457, 501호(경운동)
전화 02) 735-4257, 734-4283 팩스 02) 739-4285

값 14,000원

ISBN 978-89-5794-604-6 04810
978-89-88440-00-1 (세트)

※이 책은 충청북도 CHUNGCHEONGBUK-DO, 충북문화재단 Chungbuk Cultural Foundation 의 후원을 받아 문화예술 지원사업의 일환으로 발간되었습니다.